学校 - shkolla	2
旅行 - udhëtim	5
交通运输 - transport	8
城市 - qytet	10
地形 - peisazh	14
餐馆 - restorant	17
超市 - supermarket	20
饮料 - pije	22
食物 - ushqim	23
农场 - fermë	27
房子 - shtëpi	31
客厅 - dhomë ndenjeje	33
厨房 - kuzhinë	35
浴室 - tualet	38
儿童房 - dhomë fëmijësh	42
衣服 - veshje	44
办公室 - zyrë	49
经济 - ekonomi	51
职业 - profesionet	53
工具 - mjete	56
乐器 - instrumenta muzikorë	57
动物园 - kopsht zoologjik	59
体育 - sportet	62
活动 - aktivitet	63
家 - familje	67
身体 - trupi	68
医院 - spital	72
紧急情况 - emergjencë	76
地球 - toka	77
钟表 - orë	79
周 - javë	80
年 - vit	81
形状 - forma	83
颜色 - ngjyra	84
反义词 - të kundërta	85
数字 - numra	88
语言 - gjuhët	90
谁/什么/怎样 - kush / çfarë / si	91
方位 - ku	92

Impressum
Verlag: BABADADA GmbH, Nedderfeld 112 , 22529 Hamburg
Geschäftsführer / Verlagsleitung: Harald Hof
Druck: Books on Demand GmbH, In de Tarpen 42, 22848 Norderstedt

Imprint
Publisher: BABADADA GmbH, Nedderfeld 112 , 22529 Hamburg, Germany
Managing Director / Publishing direction: Harald Hof
Print: Books on Demand GmbH, In de Tarpen 42, 22848 Norderstedt, Germany

学校

shkolla

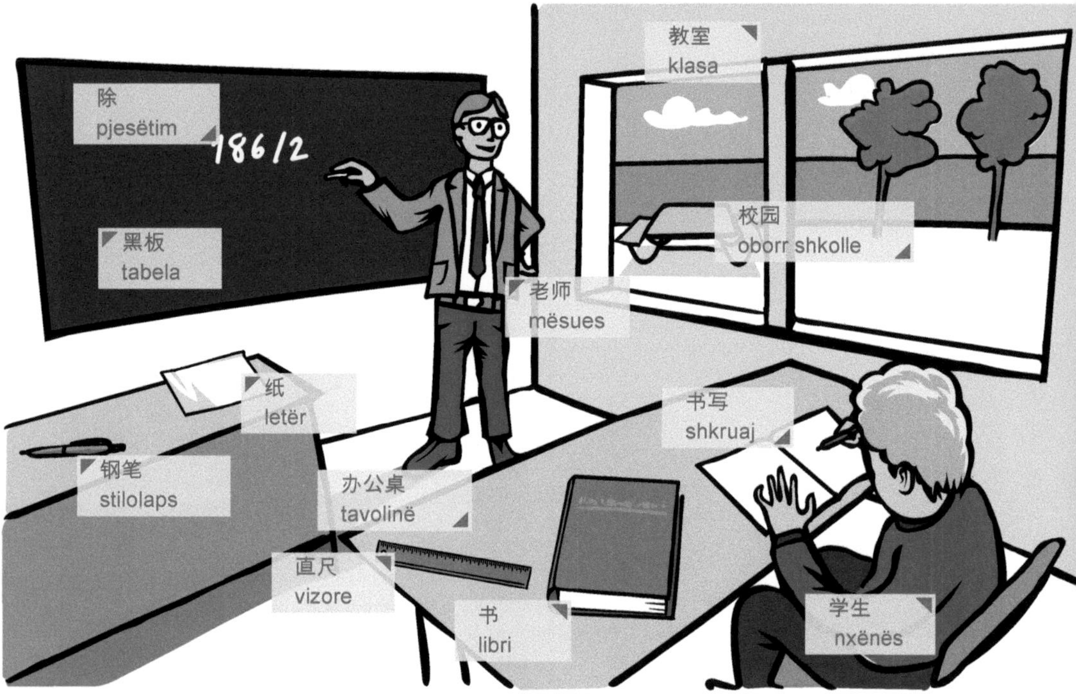
教室
klasa
除
pjesëtim
186/2
黑板
tabela
校园
oborr shkolle
老师
mësues
纸
letër
书写
shkruaj
钢笔
stilolaps
办公桌
tavolinë
直尺
vizore
书
libri
学生
nxënës

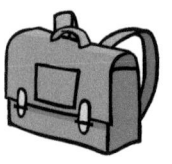

书包

çantë

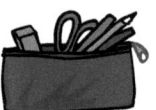

铅笔盒

mbajtëse lapsash

铅笔

laps

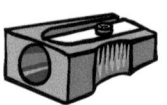

卷笔刀

mprehës lapsash

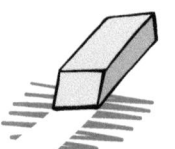

橡皮擦

gomë

画板

fletore vizatimi

图画

vizatim

画笔

penel

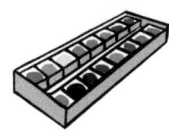

颜料盒

kuti bojërash

剪刀

gërshërë

胶水

ngjitës

练习册

fletore detyrash

家庭作业

detyrë shtëpie

数字

numër

2+2

加

mbledh

5-2

减

zbres

乘

shumëzoj

计算

llogaris

A

字母

gërmë

ABCDEFG
HIJKLMN
OPQRSTU
VWXYZ

字母表

alfabeti

字

fjalë

课文

tekst

读

lexoj

粉笔

shkumës

上课

mësim

登记

regjistër

考试

provim

证书

çertifikatë

校服

uniformë shkolle

教育

arsimim

百科全书

enciklopedia

大学

universitet

显微镜

mikroskop

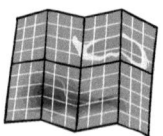

地图

hartë

废纸筐

kosh letrash

旅行

udhëtim

酒店
hotel
Grand
青年旅社
bujtinë
ROOMS
外币兑换处
pikë këmbimi valutor
CHANGE
手提箱
valixhe
汽车
makinë

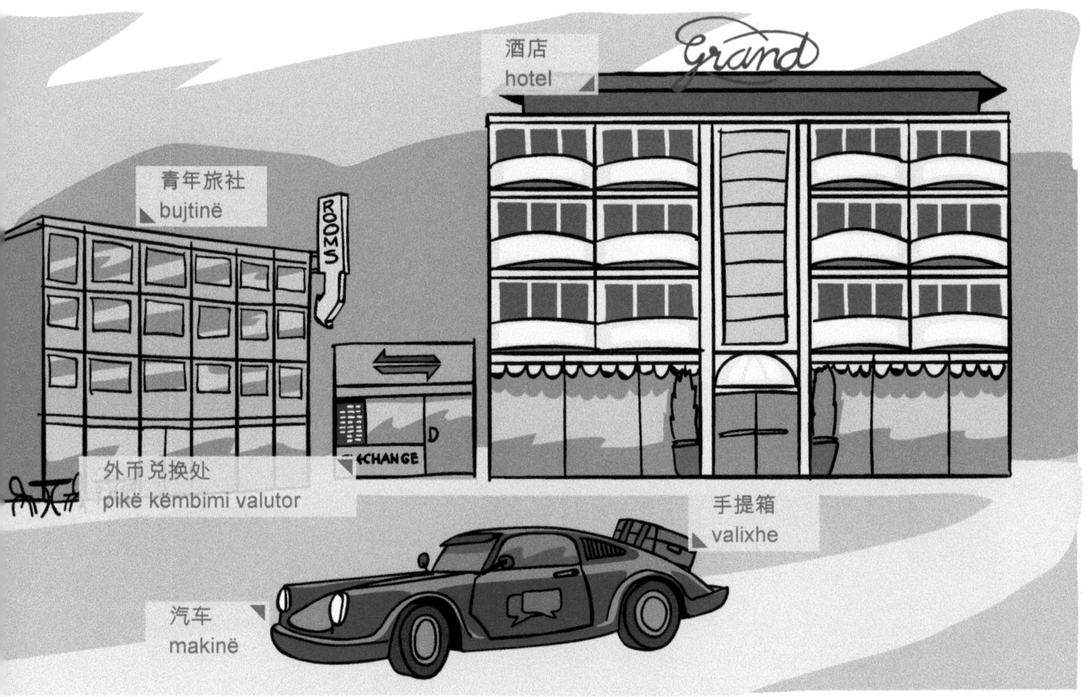

语言

gjuhë

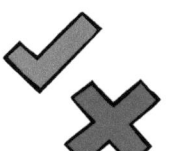

是/否

po / jo

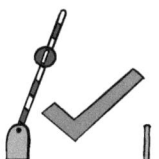

好的

Në rregull

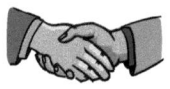

您好

ç'kemi

翻译员

përkthyes

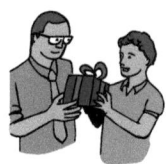

谢谢

Faleminderit

……多少钱？

sa kushton…?

我不明白

nuk e kuptoj

问题

problem

晚上好！

Mirëmbrëma!

早上好！

Mirëmëngjes!

晚安！

Natën e mirë!

再见

mirupafshim

方向

drejtim

行李

bagazhet

包

çantë

双肩包

çantë shpine

客人

mysafir

房间

dhomë

睡袋

thes gjumi

帐篷

tendë

旅游信息

informacion për turistët

海滩

plazh

信用卡

kartë krediti

早餐

mëngjes

午餐

drekë

晚餐

darkë

票

Biletë

电梯

ashensor

邮票

pulla

边界

kufi

海关

doganë

大使馆

ambasadë

签证

vizë

护照

pasaportë

交通运输

transport

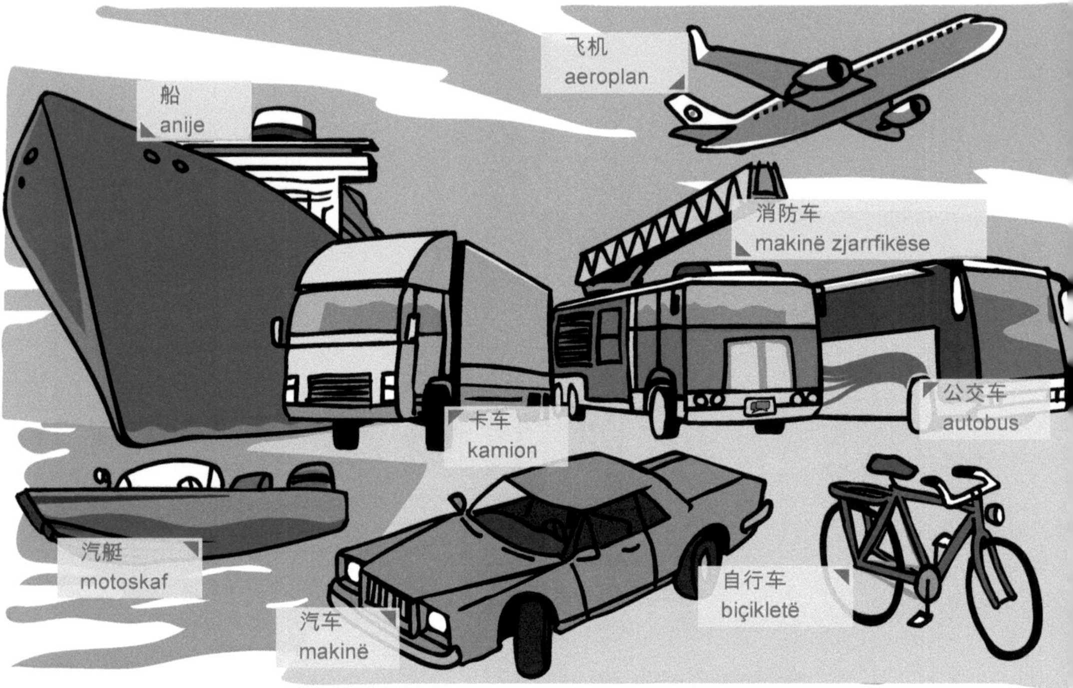

飞机
aeroplan
船
anije
消防车
makinë zjarrfikëse
公交车
autobus
卡车
kamion
汽艇
motoskaf
自行车
biçikletë
汽车
makinë

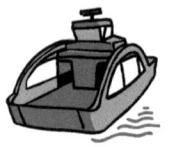

摆渡船

traget

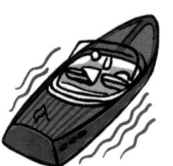

小船

varkë

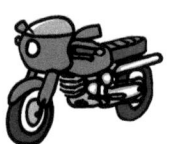

摩托车

motoçikletë

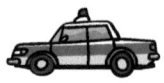

警车

makinë policie

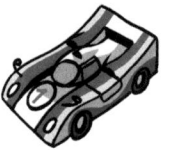

赛车

makinë garash

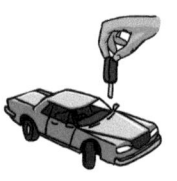

租车

makinë me qira

拼车

ndarje e qirasë së makinës

拖车

karroatrec

垃圾车

makinë plehrash

发动机

motor

汽油

benzinë

加油站

pikë karburanti

交通标志

sinjalistikë trafiku

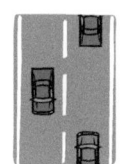

交通

trafik

交通堵塞

bllokim trafiku

停车场

parkim makinash

火车站

stacion treni

轨道

trase

火车

tren

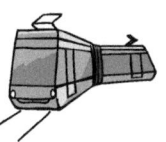

电车

tramvaj

货车

karro

直升机
helikopter

机场
aeroport

塔
kullë

乘客
pasagjer

集装箱
kontenier

纸板箱
kuti kartoni

手推车
qerre

篮子
shportë

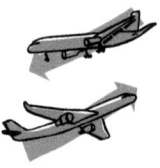

起飞/降落
ngrihem / ulem

城市

qytet

村庄
fshat

市中心
qendra e qytetit

房子
shtëpi

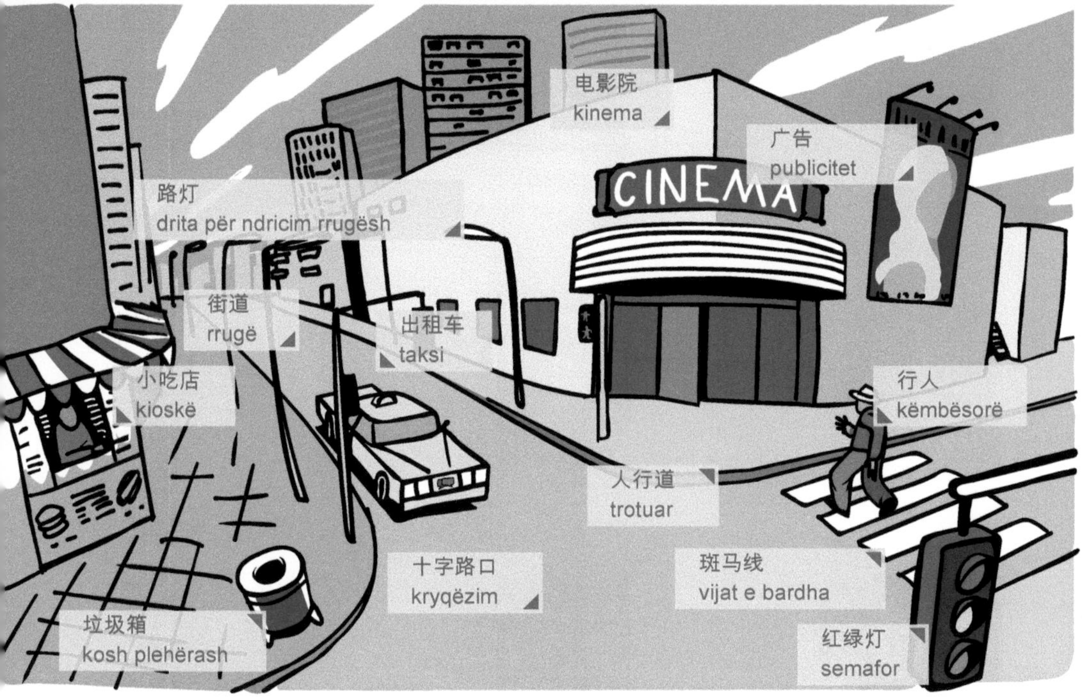
CINEMA
电影院
kinema
广告
publicitet
路灯
drita për ndricim rrugësh
街道
rrugë
出租车
taksi
小吃店
kioskë
行人
këmbësorë
人行道
trotuar
十字路口
kryqëzim
斑马线
vijat e bardha
垃圾箱
kosh plehërash
红绿灯
semafor

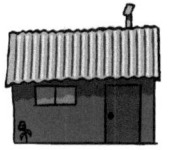

小屋
kasolle

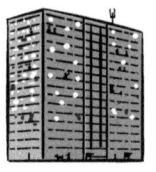

公寓
apartament

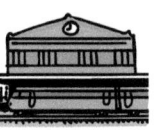

火车站
stacion treni

市政厅
bashki

MUSEUM
博物馆
muze

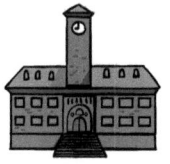

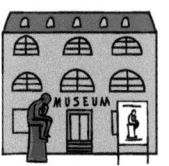

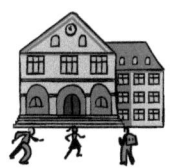

学校
shkolla

大学

universitet

银行

bankë

医院

spital

酒店

hotel

药房

farmaci

办公室

zyrë

书店

librari

商店

dyqan

花店

dyqan lulesh

超市

supermarket

市场

market

百货商店

mapo

鱼店

dyqan peshku

购物中心

qëndër tregtare

海港

port

公园

park

长凳

stol

桥

urë

楼梯

shkallë

地铁

metro

隧道

tunel

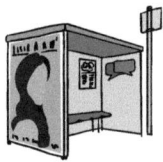

公交车站

stacion autobuzi

酒吧

bar

餐馆

restorant

邮筒

kuti postare

路标

sinjalistikë rrugore

停车计时器

kohëmatës parkimi

动物园

kopsht zoologjik

游泳馆

pishinë

清真寺

xhami

农场
fermë

污染
ndotje

墓地
varrezë

教堂
kishë

操场
shesh lojërash

寺庙
tempull

地形
peisazh

树叶
gjethe

指示牌
tabela orientuese

路
rrugë

草地
livadh

石头
gurë

树
pemë

徒步旅行者
ekskursionist

河
lumë

草
bar

花
lule

峡谷

luginë

山

kodër

湖

liqen

森林

pyll

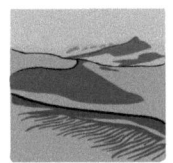

沙漠

shkretëtirë

火山

vullkan

城堡

kështjellë

彩虹

ylber

蘑菇

kepudhë

棕榈树

palmë

蚊子

mushkonjë

苍蝇

mizë

蚂蚁

milingonë

蜜蜂

bletë

蜘蛛

merimangë

甲虫

brumbull

青蛙

bretkosë

松鼠

ketër

刺猬

iriq

野兔

lepur

猫头鹰

buf

鸟

zog

天鹅

mjellmë

野猪

derr i egër

鹿

dre

麋鹿

dre brilopatë

水坝

digë

风力发电机

turbinë ere

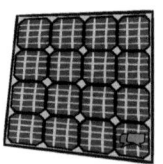

太阳能电池板

panel diellor

气候

klimë

餐馆
restorant

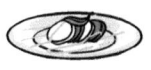

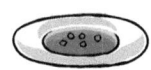

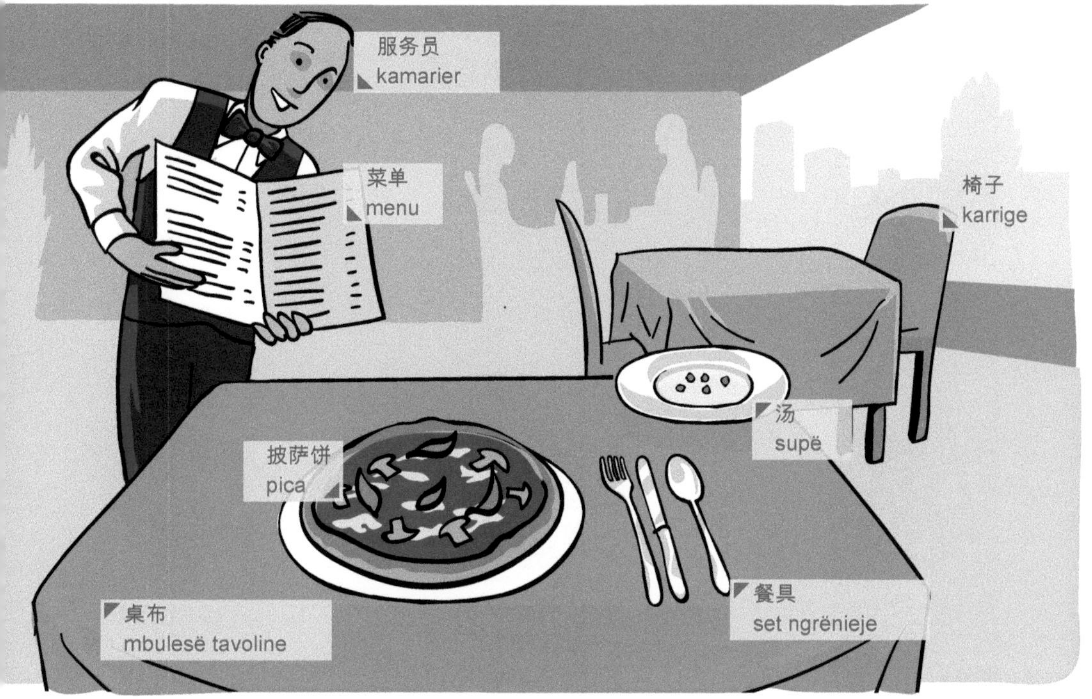

服务员
kamarier
菜单
menu
椅子
karrige
汤
supë
披萨饼
pica
餐具
set ngrënieje
桌布
mbulesë tavoline

前菜

pjatë e parë

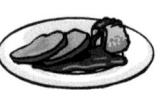

主菜

pjatë kryesore

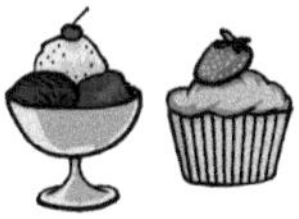

甜点

ëmbëlsirë

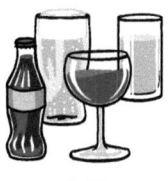

饮料

pije

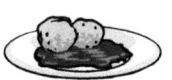

食物

ushqim

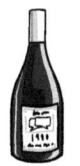

瓶子

shishe

快餐
ushqim i shpejtë

街边小吃
ushqim i shërbyer në rrugë

茶壶
ibrik çaji

糖盒
kuti sheqeri

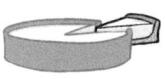

一份饭菜
racion

意式咖啡机
makinë kafeje ekspres

高脚椅
karrige e lartë

账单
faturë

托盘
tabaka

刀
thika

餐叉
pirun

勺子
lugë

茶匙
lugë çaji

餐巾
pecetë

玻璃杯
gotë

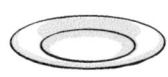

碟子

pjatë

汤盘

pjatë supe

碟子

pjatë filxhani

酱

salcë

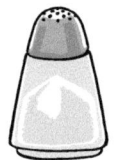

盐瓶

mbajtëse kripe

胡椒磨

mulli piperi

醋

uthull

食用油

vaj

调味料

erëza

番茄酱

keçap

芥末

mustardë

蛋黄酱

majonezë

超市

supermarket

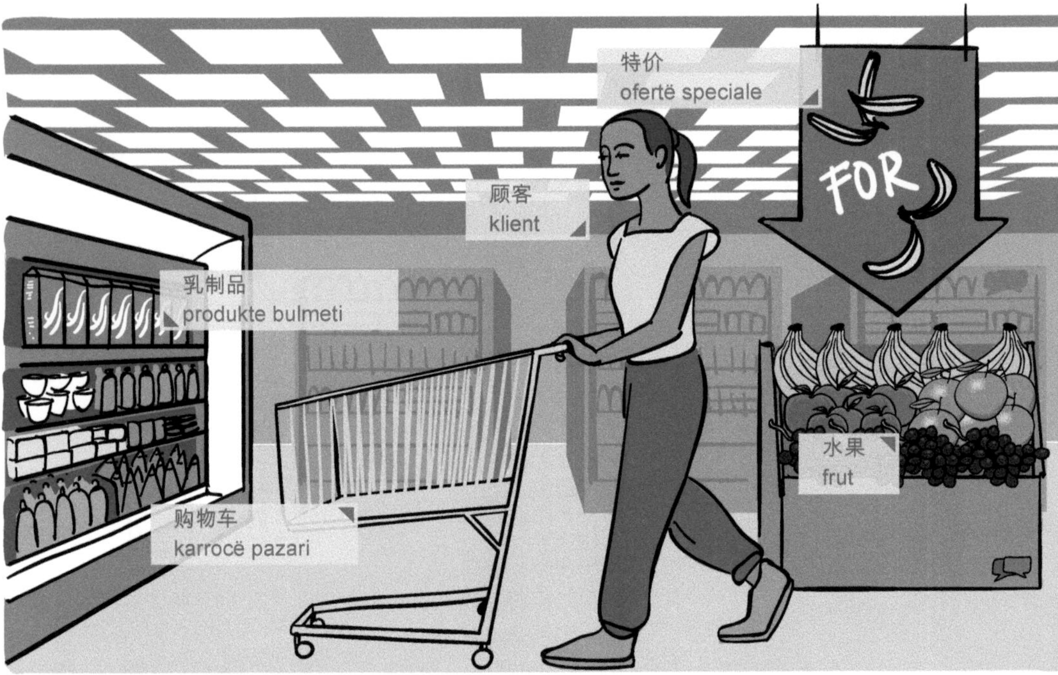

特价
ofertë speciale
FOR
顾客
klient
乳制品
produkte bulmeti
水果
frut
购物车
karrocë pazari

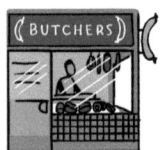

BUTCHERS

肉铺

dyqan mishi

BAKERY

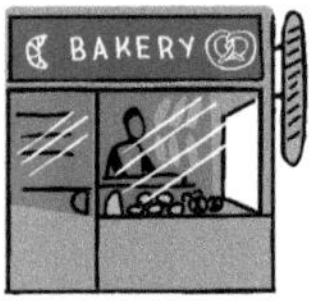

面包房

furrë buke

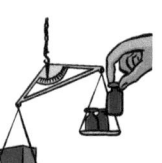

称重

peshoj

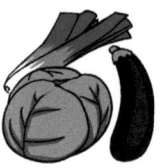

蔬菜

perime

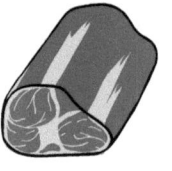

肉

mish

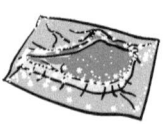

冷冻食品

ushqim i ngrirë

冷盘

copë

罐头食品

ushqim i konservuar

洗衣粉

pluhur larës

甜食

ëmbëlsirat

日用品

prodhime shtëpie

清洁用品

produkte pastrimi

销售员

shitëse

收银机

kasë fiskale

收银员

arkëtar

购物清单

listë blerjeje

开放时间

oraret e punës

钱包

portofol

信用卡

kartë krediti

袋子

çantë

塑料袋

qese plastike

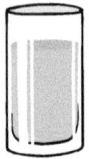

水

ujë

果汁

lëng frutash

牛奶

qumësht

可乐

koka-kola

红酒

verë

啤酒

birrë

酒

alkool

可可

kakao

茶

çaj

咖啡

kafe

意式浓缩咖啡

kafe ekspres

卡布奇诺

kapuçino

香蕉

banane

苹果

mollë

橙子

portokalle

西瓜

pjepër

柠檬

limon

胡萝卜

karrotë

大蒜

hudhër

竹子

bambu

洋葱

qepë

蘑菇

kërpudha

坚果

arra

面条

makarona

意大利面条

spageti

米饭

oriz

沙拉

sallatë

薯条

patate të skuqura

炸土豆

patate të skuqura

披萨饼

pica

汉堡包

hamburger

三明治

sanduiç

炸猪排

shnicel

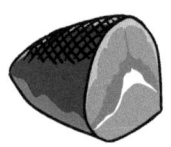

火腿

proshutë

萨拉米

sallam

香肠

salçiçe

鸡肉

pulë

烤肉

skuq

鱼

peshk

燕麦片
tërshërë

穆兹利
drithëra

玉米片
kornfleiks

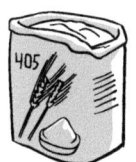

面粉
miell

羊角面包
kruasant

面包卷
panine

面包
bukë

烤面包
tost

饼干
biskotë

黄油
gjalp

凝乳
gjizë

蛋糕
tortë

蛋
vezë

煎蛋
vezë sy

奶酪
djathë

食物 - ushqim

冰激凌

akullore

糖

sheqer

蜂蜜

mjaltë

果酱

marmaladë

巧克力酱

çokokrem

咖喱饭

këri

农场
fermë

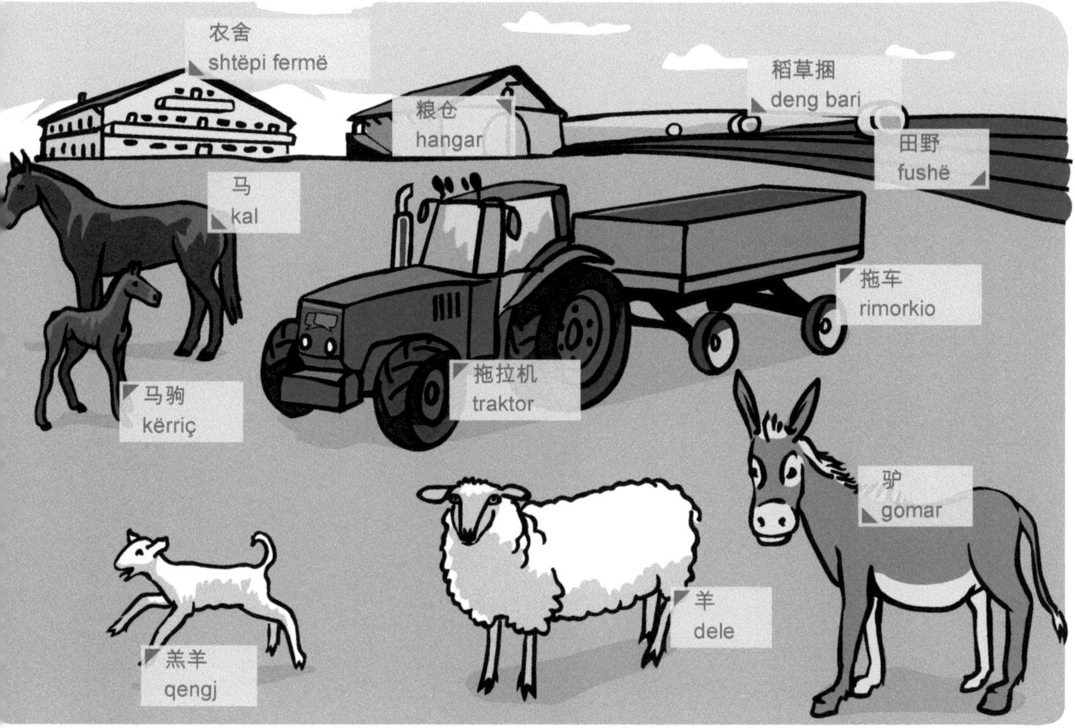

农舍
shtëpi fermë
稻草捆
deng bari
粮仓
hangar
田野
fushë
马
kal
拖车
rimorkio
拖拉机
traktor
马驹
kërriç
驴
gomar
羊
dele
羔羊
qengj

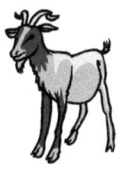

山羊

dhi

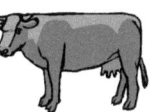

奶牛

lopë

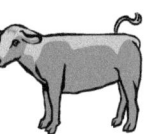

牛犊

viç

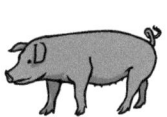

猪

derr

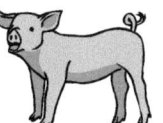

小猪

derrkuc

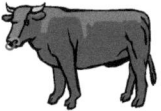

公牛

dem

鹅

patë

鸭

rosë

小鸡

zog pule

母鸡

pulë

公鸡

gjel

鼠

mi

猫

mace

老鼠

mi

牛

buall

狗

qen

狗屋

kolibe qeni

花园浇水软管

zorrë vaditëse

洒水壶

vaditëse

长柄大镰刀

kosë

犁

plug

镰刀
drapër

锄头
shat

长柄草耙
kosa

斧头
sëpatë

独轮手推车
karrocë

饲料槽
govatë

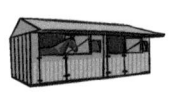

牛奶罐
bidon qumështi

麻布袋
thes

栅栏
gardh

马厩
ahur

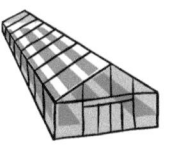

温室
serë

土壤
dhe

种子
farë

肥料
pleh

联合收割机
autokombanjë

收割

korr

收割

te korrat

山药

patate e ëmbël "Yam"

小麦

grurë

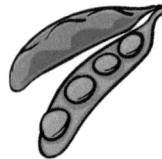

大豆

soja

土豆

patate

玉米

misër

油菜籽

raps

果树

pemë frutore

树薯

zhardhok manioku

谷物

drithëra

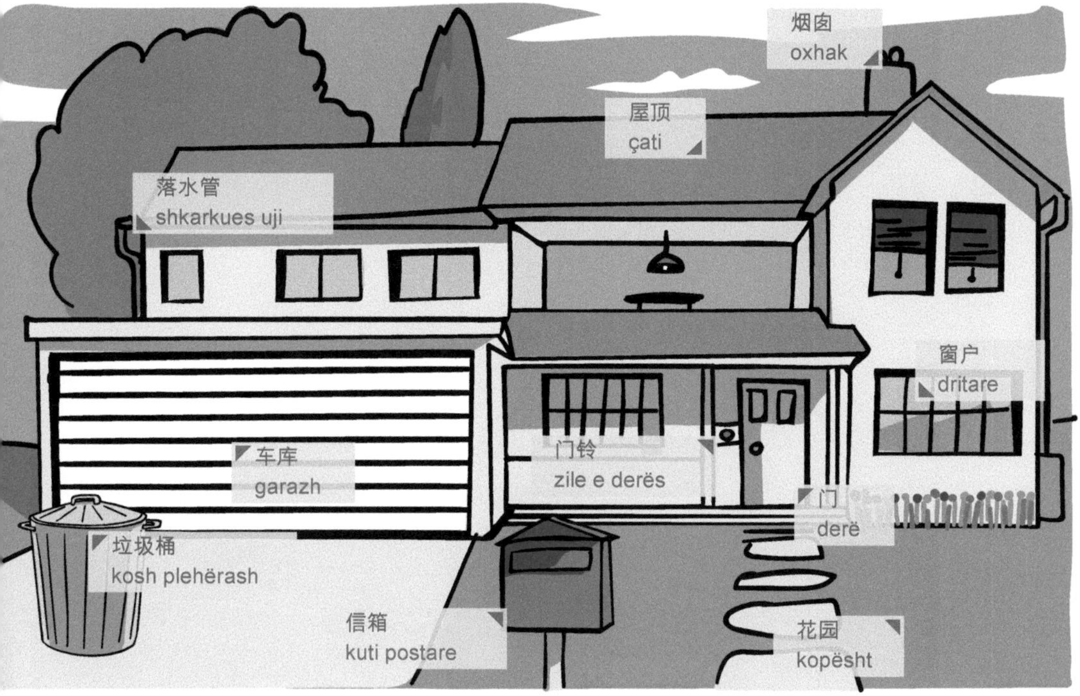

烟囱
oxhak

屋顶
çati

落水管
shkarkues uji

窗户
dritare

车库
garazh

门铃
zile e derës

门
derë

垃圾桶
kosh plehërash

信箱
kuti postare

花园
kopësht

客厅
dhomë ndenjeje

浴室
tualet

厨房
kuzhinë

卧室
dhomë gjumi

儿童房
dhomë fëmijësh

餐厅
dhomë ngrënieje

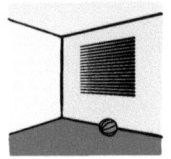

地板

dysheme

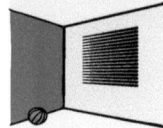

墙壁

mur

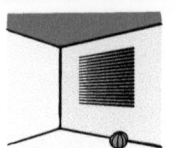

吊顶

tavan

地窖

bodrum

桑拿

sauna

阳台

ballkon

露台

tarracë

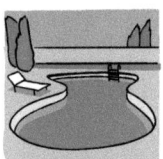

游泳池

pishinë

割草机

kositëse bari

被单

çarçaf

床罩

kuvertë

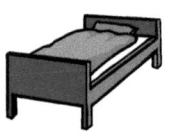

床

krevat

扫帚

fshesë dore

水桶

kovë

开关

çelës

客厅

dhomë ndenjeje

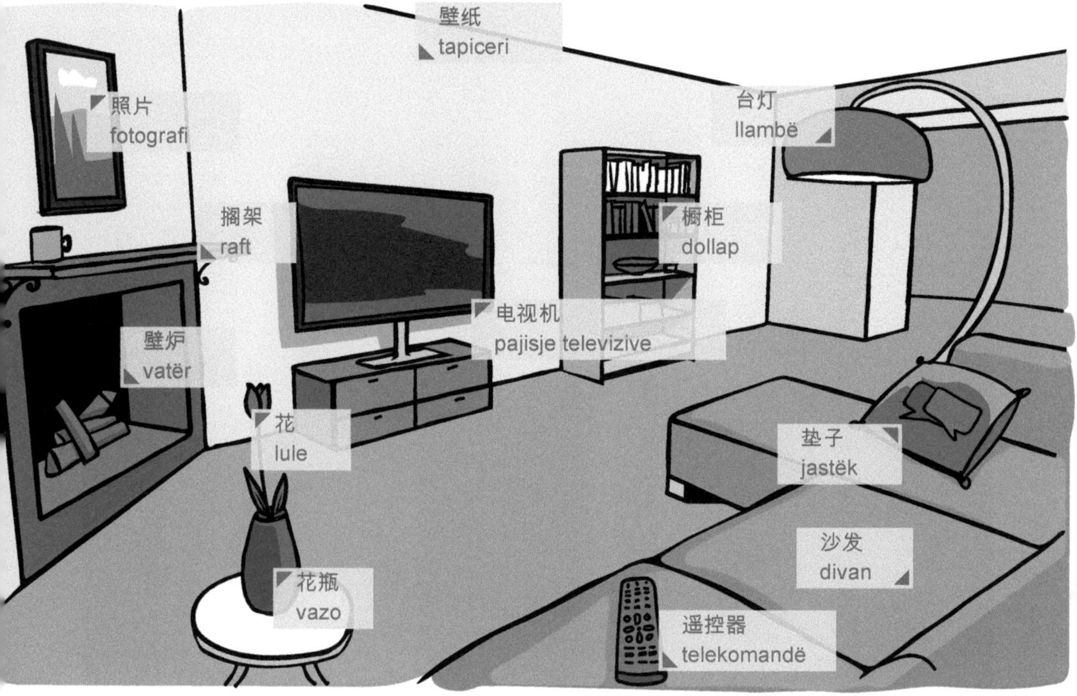
壁纸
tapiceri
照片
fotografi
台灯
llambë
搁架
raft
橱柜
dollap
电视机
pajisje televizive
壁炉
vatër
花
lule
垫子
jastëk
沙发
divan
花瓶
vazo
遥控器
telekomandë

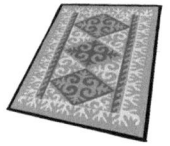

地毯

qilim

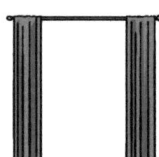

窗帘

perde

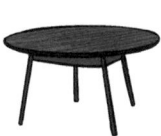

餐桌

tavolinë

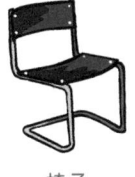

椅子

karrige

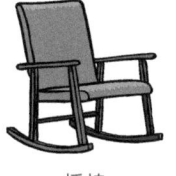

摇椅

karrige lëkundëse

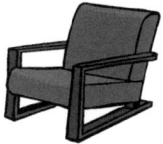

扶手椅

kolltuk

书

libri

毯子

batanije

装饰品

zbukurime

木柴

dru zjarri

电影

film

高保真音响

stereo

钥匙

çelës

报纸

gazetë

油画

pikturë

海报

afishe

收音机

radio

笔记本

bllok shënimesh

吸尘器

fshesë me korent

仙人掌

kaktus

蜡烛

qiri

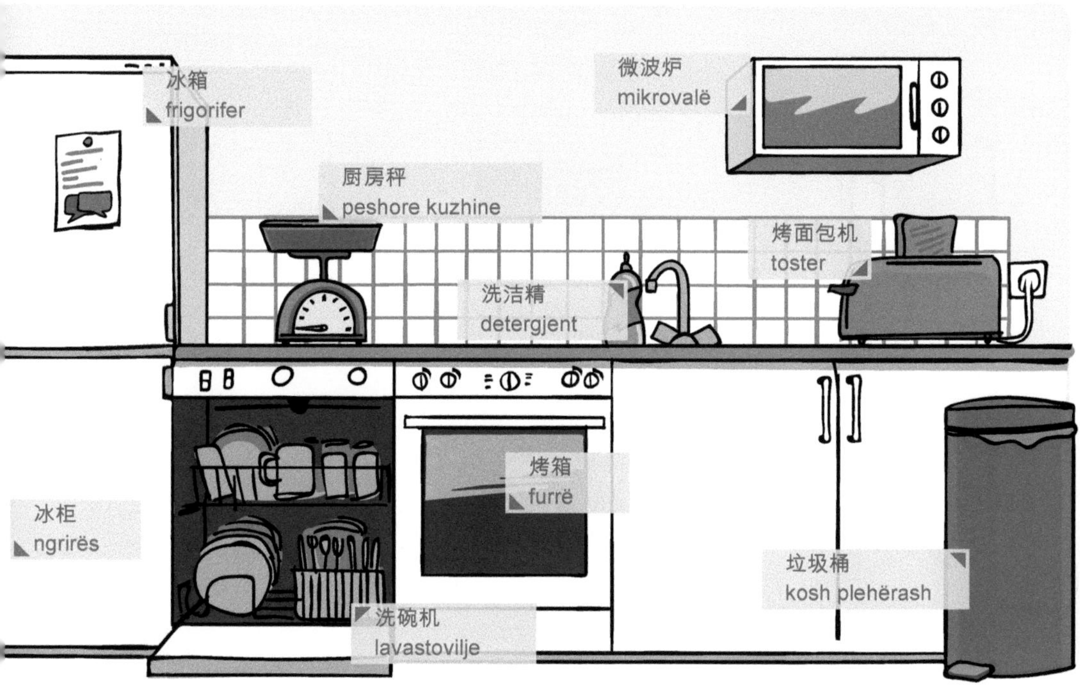

冰箱
frigorifer

微波炉
mikrovalë

厨房秤
▶ peshore kuzhine

洗洁精
detergjent

烤面包机
toster

冰柜
▶ ngrirës

烤箱
furrë

垃圾桶
kosh plehërash

洗碗机
lavastovilje

炊具

sobë

锅

tenxhere

铸铁锅

tenxhere me kapak

炒锅

tigan special (Wok)

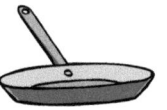

平底锅

tigan

水壶

çajnik

蒸锅

tenxhere me avull

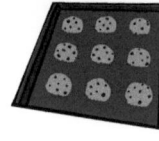

烤盘

tavë pjekjeje

陶瓷锅

enë

马克杯

filxhan

碗

tas

筷子

shkopinj

长柄勺

garuzhde

铲子

spatul

搅拌器

tel kuzhine

滤网

kulluese

筛子

sitë

磨碎机

rende

研钵

havan

烧烤

skarë

明火

zjarr

菜板

dërrasë për prerje

擀面杖

okllai

开瓶器

heqëse tapash

罐子

kanaçe

开罐器

hapëse kanaçeje

隔热手套

rrobë për të kapur
tenxheren

水槽

lavaman

刷子

furçë

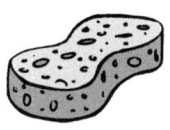

海绵

sfungjer

搅拌机

përzjerës

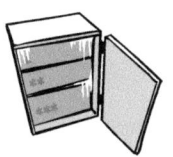

冷藏箱

ngrirës

奶瓶

biberon për lëngje

水龙头

rubinet

浴室

tualet

淋浴
dush
供暖设备
ngrohje
毛巾
peshqirë
浴帘
perde dushi
泡沫浴
vaskë me shkumë
浴缸
vaskë
玻璃杯
gotë
洗衣机
lavatriçe
水龙头
rubinet
瓷砖
pllaka
便壶
oturak
水槽
lavaman

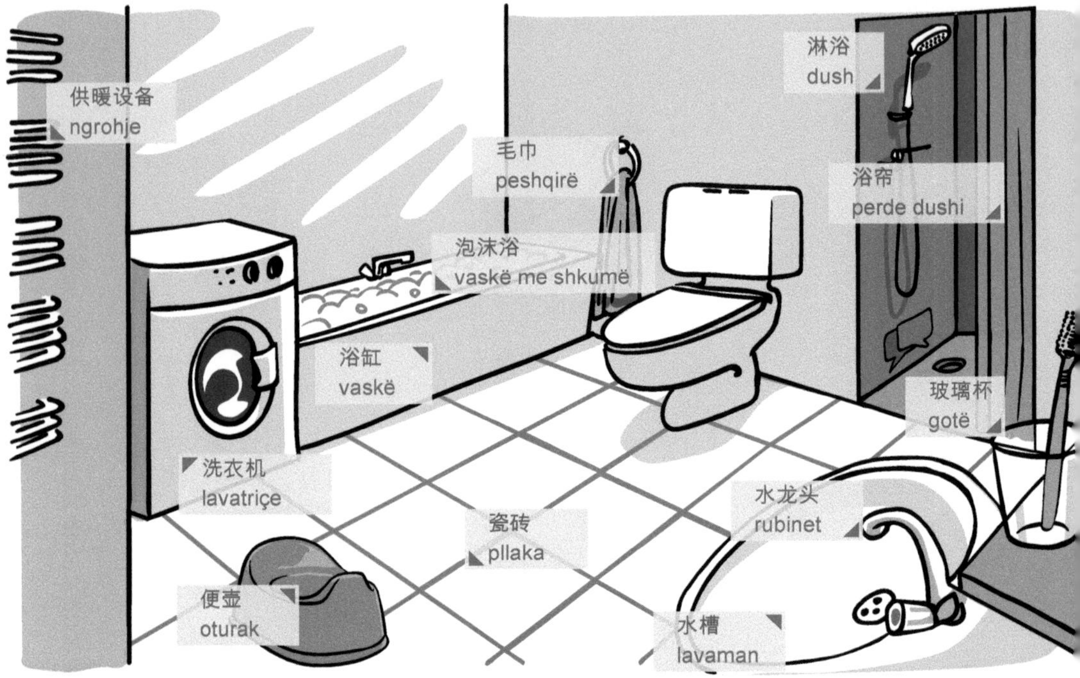

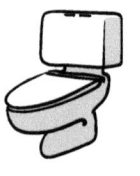

厕所

tualet

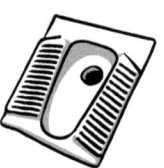

蹲便器

WC e sheshtë

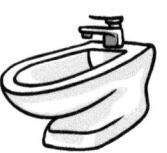

坐浴器

bide

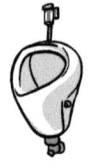

小便池

tualet publik

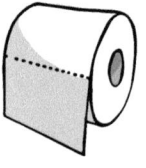

厕纸

letër higjienike

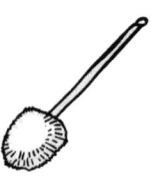

马桶刷

furçe për WC

牙刷
furçë dhëmbësh

牙膏
pastë dhëmbësh

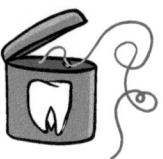

牙线
fije dentare

洗
laj

手持式喷淋头
dorezë dushi

冲洗器
larës për zonën intime

洗脸盆
legen

擦背刷
furçë për masazh shpine

肥皂
sapun

沐浴露
shampo trupi

洗发水
shampo

法兰绒
leckë pastruese

排水
kullues

乳霜
krem

除臭剂
antidjersë

浴室 - tualet

镜子

pasqyrë

手镜

pasqyrë dore

剃须刀

brisk rroje

剃须泡沫

shkumë rroje

须后水

locion pas rrojes

梳子

krehër

刷子

furçë

吹风机

tharëse flokësh

喷发定型剂

llak për flokët

化妆品

grim

唇膏

buzëkuq

指甲油

manikyr

化妆棉

mbushje pambuku

指甲剪

gërshërë për thonj

香水

parfum

洗漱包

çantë për sendet personale

凳子

Stol

计重秤

peshore

浴袍

robëdëshambër

橡胶手套

dorashka gome

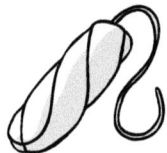

卫生棉条

tampon

卫生巾

peceta higjienike

化学厕所

tualet I lëvizshëm

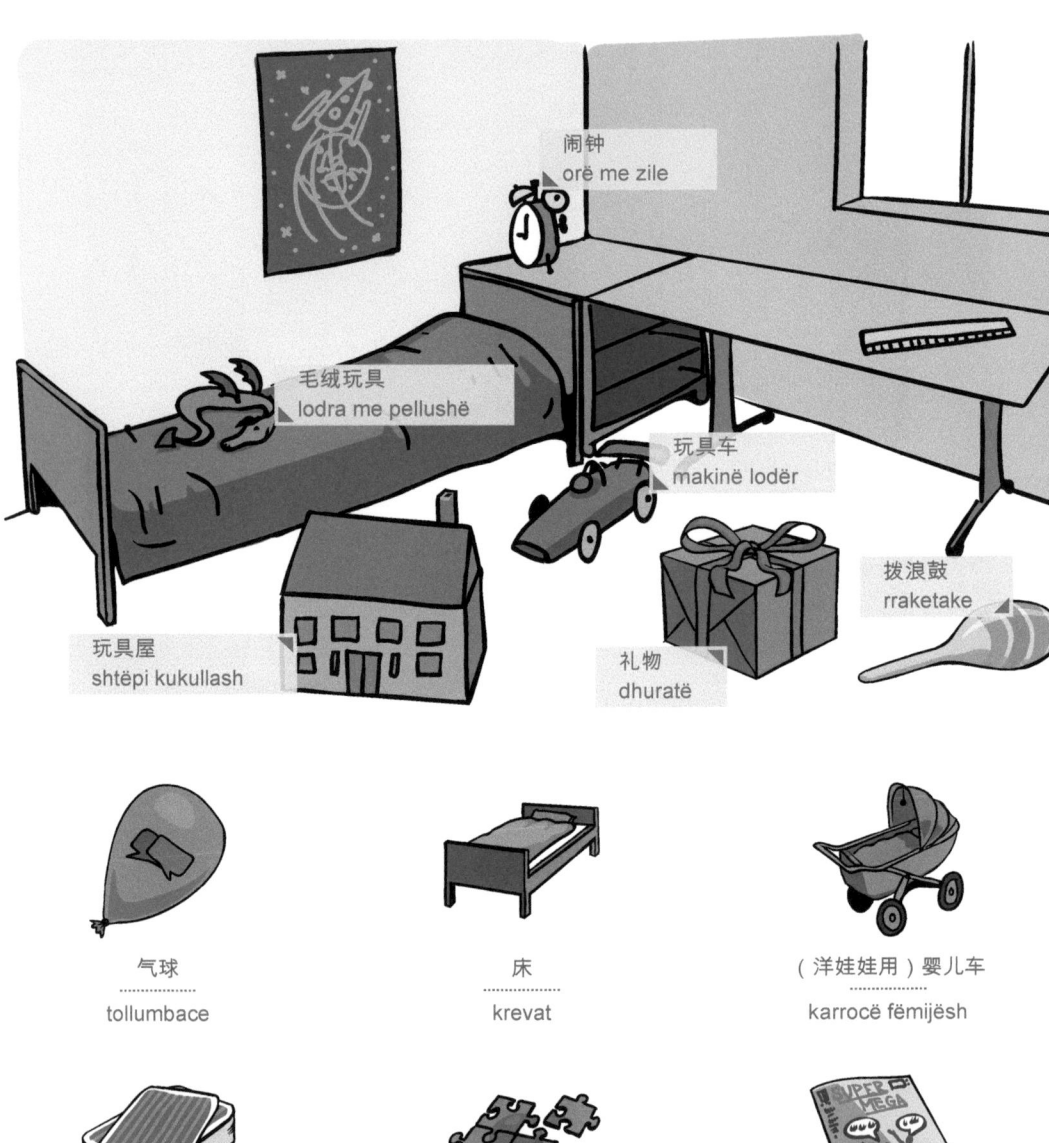

闹钟
orë me zile

毛绒玩具
lodra me pellushë

玩具车
makinë lodër

玩具屋
shtëpi kukullash

礼物
dhuratë

拨浪鼓
rraketake

气球
tollumbace

床
krevat

（洋娃娃用）婴儿车
karrocë fëmijësh

扑克牌
lojë me letra

拼图
bashkim pjesësh me figura

漫画
komik

乐高积木

formuese lodër

积木玩具

kuba plastikë

玩具人

lodra

婴儿服

badi

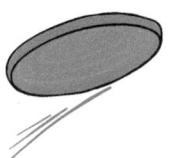

飞盘

frizbi

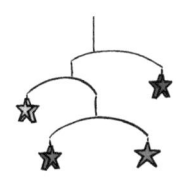

床铃玩具

lodra të varura tek krevati i fëmijëve

棋盘游戏

tavolinë lojërash

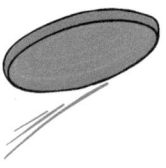

骰子

zare

火车模型

model treni

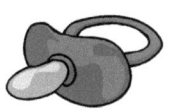

安抚奶嘴

biberon

聚会

festë

绘本

libër me ilustrime

球

top

洋娃娃

kukull

玩

luaj

沙坑

grumbull rëre

秋千

kolovarëse

玩具

lodra

游戏机

leva për lojra video

三轮车

triçikël

泰迪熊

arush prej pellushi

衣柜

garderobë

衣服

veshje

袜子

çorape

长袜

çorape të gjata

紧身裤

geta

围巾
shall

皮带
rrip

雨伞
çadër

T恤
bluzë pa jakë

运动鞋
atlete

靴子
çizme

拖鞋
pantofla

凉鞋
sandale

鞋
këpucë

雨靴
çizme llastiku

内裤
të mbathura

胸罩
reçipeta

背心
kanotierë

身体

trup

裤子

pantallona

牛仔裤

xhinse

短裙

fund

女式衬衫

bluzë

衬衫

këmishë

套头衫

pulovër

卫衣

triko

西装夹克

xhaketë

夹克

xhaketë

外套

pallto

雨衣

mushama shiu

套装

kostum

连衣裙

fustan

婚纱

fustan nusërie

西装

kostum

睡袍

këmishë nate

睡衣

pizhama

莎丽

sari (veshje tradicionale
indiane)

头巾

shami koke

包头巾

çallmë

波卡

veshje për femrat e besimit
musliman

卡夫坦

kaftan (lloj veshjeje
tradicionale)

(阿拉伯式)长袍

ferexhe

泳衣

kostum banje

男式泳裤

rroba banje

短裤

pantallona të shkurtra

运动服

tuta sporti

围裙

përparëse

手套

dorashka

纽扣

kopsë

眼镜

syze

手链

byzylyk

项链

gjerdan

戒指

unazë

耳环

vath

便帽

kapuç

衣架

varëse për pallto

帽子

kapele

领带

kravatë

拉链

zinxhir

头盔

helmetë

背带

tiranda

校服

uniformë shkolle

制服

uniformë

围兜
gushore

安抚奶嘴
biberon

尿不湿
pelenë

服务器
server

文件柜
skedar

打印机
printer

纸
letër

显示屏
ekran

办公桌
tavolinë

鼠标
maus

文件夹
dosje

键盘
tastierë

废纸筐
kosh letrash

电脑
kompjuter

椅子
karrige

咖啡杯
filxhan kafeje

计算器
makinë llogaritëse

因特网
internet

办公室 - zyrë

笔记本电脑

kompjuter portativ

信件

letër

消息

mesazh

手机

telefon

网络

rrjet

复印机

fotokopje

软件

program

电话

telefon

插座

prizë

传真机

pajisje faksi

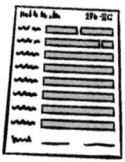

表格

formular

文件

dokument

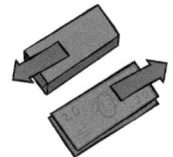

买
blej

付钱
paguaj

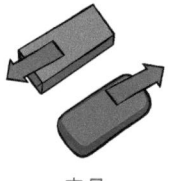

交易
tregtoj

现金
para

美元
dollar

欧元
euro

日元
jen

卢布
rubla

瑞士法郎
franga zvicerane

人民币
juani kinez

卢比
rupje

提款处
bankomat

外币兑换处

pikë këmbimi valutor

金

ar

银

argjend

石油

nafta

能源

energji

价格

çmim

合同

kontratë

税金

taksë

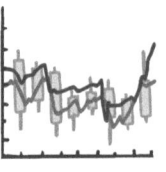

股票

aksione

工作

punoj

职员

punonjës

老板

punëdhënës

工厂

fabrikë

商店

dyqan

职业
profesionet

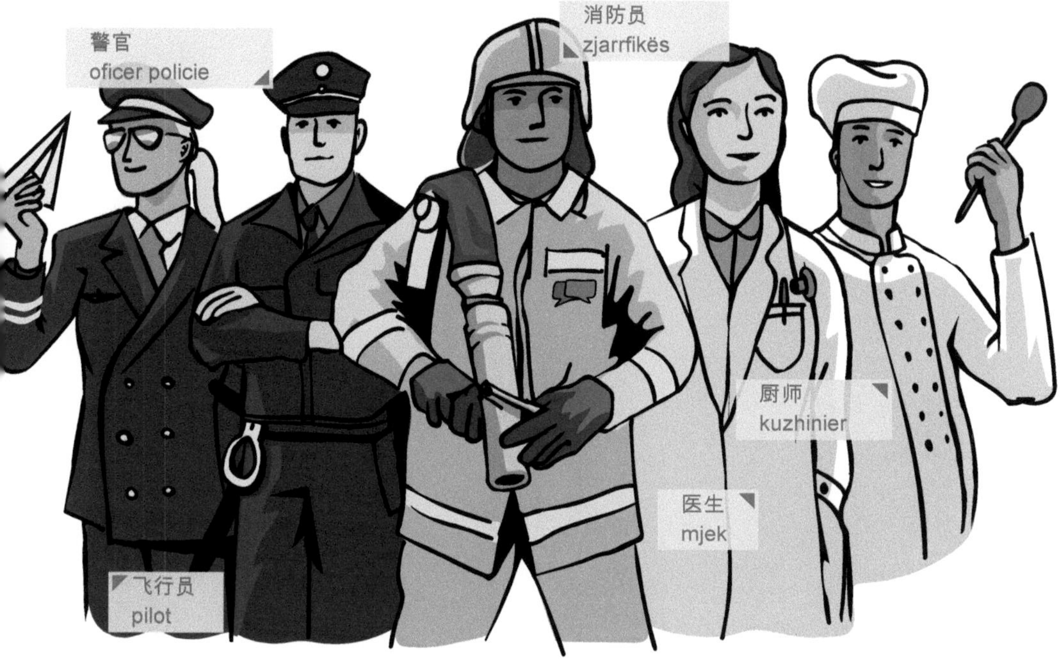
警官
oficer policie
消防员
zjarrfikës
厨师
kuzhinier
医生
mjek
飞行员
pilot

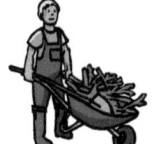

园丁

kopshtar

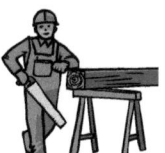

木匠

marangoz

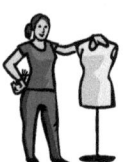

裁缝

rrobaqepëse

法官

gjykatës

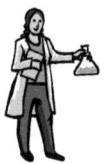

化学家

kimist

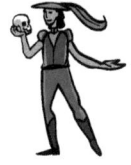

演员

aktor

公交车司机

shofer autobuzi

出租车司机

taksist

渔夫

peshkatar

清洁女工

pastruese

屋顶工

riparues çatish

服务员

kamarier

猎人

gjuetar

画家

piktor

面包师

furrxhi

电工

elektriçist

建筑工人

ndërtues

工程师

inxhinier

屠夫

kasap

水管工

hidraulik

邮递员

postieri

士兵
ushtar

建筑师
arkitekt

收银员
arkëtar

花农
luleshitës

理发师
berber

售票员
kontrollor

机械师
mekanik

船长
kapiten

牙医
dentist

科学家
shkencëtar

拉比
rabin

伊玛目
imam

和尚
murg

牧师
klerik

工具
mjete

钳子
pinca
铁锤
çekiç
螺丝刀
kaçavidë
手电筒
elektrik dore
扳手
çelës mekanik

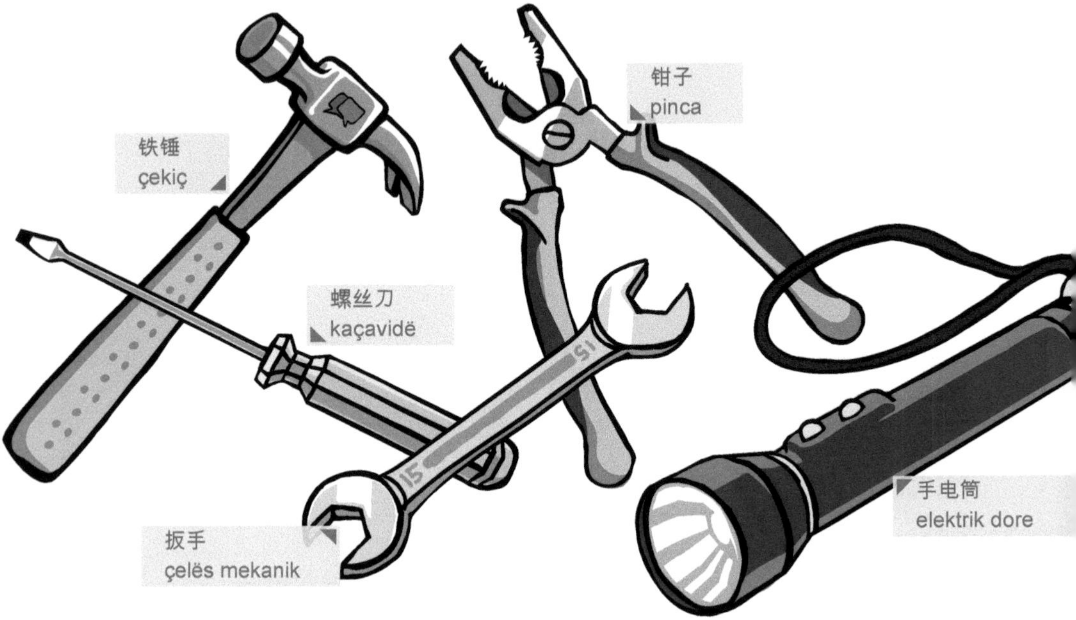

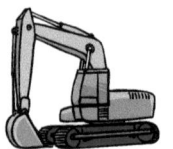

挖掘机

ekskavator

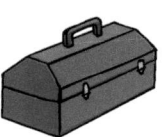

工具箱

kuti veglash

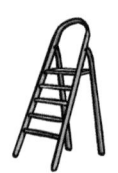

梯子

shkallë

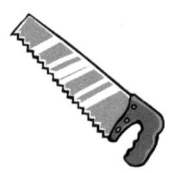

锯子

sharrë

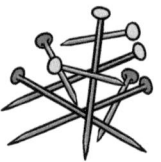

钉子

gozhdë

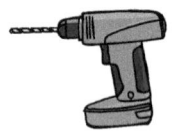

钻机

trapan

修
riparoj

铲子
lopatë

靠！
Dreq!

簸箕
kaci

油漆桶
kuti boje

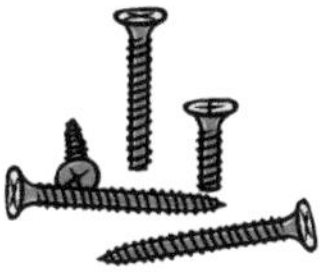

螺丝
vidhë

乐器

instrumenta muzikorë

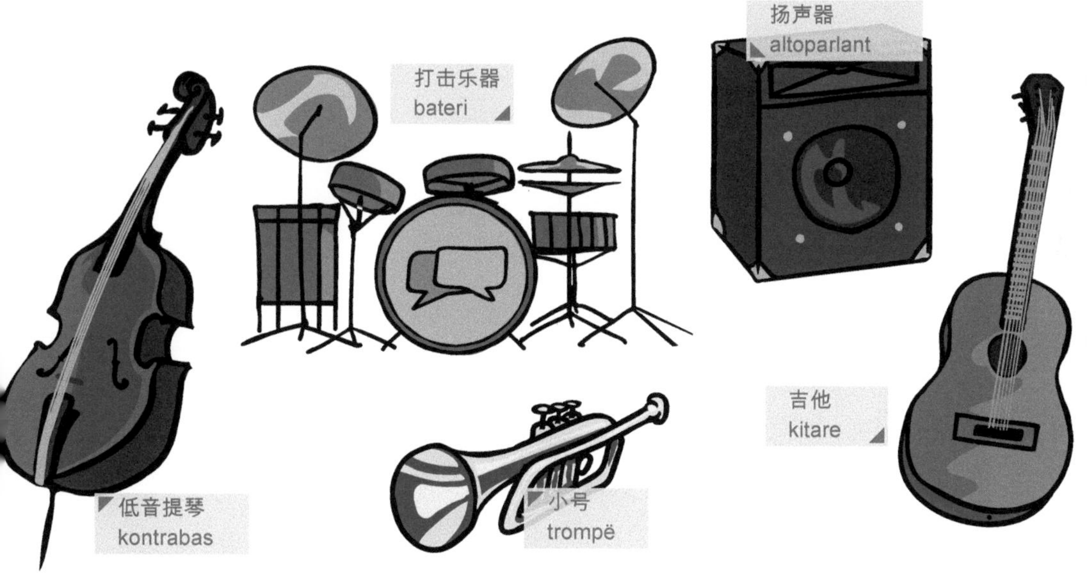

打击乐器
bateri

扬声器
altoparlant

吉他
kitare

低音提琴
kontrabas

小号
trompë

钢琴

piano

小提琴

violinë

贝斯

bas

定音鼓

tamburë

鼓

daulle

电子琴

tastierë pianoje

萨克斯管

saksofon

长笛

flaut

麦克风

mikrofon

　　　　　　　乐器 - instrumenta muzikorë

kopsht zoologjik

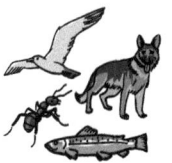

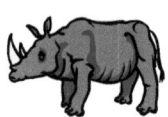

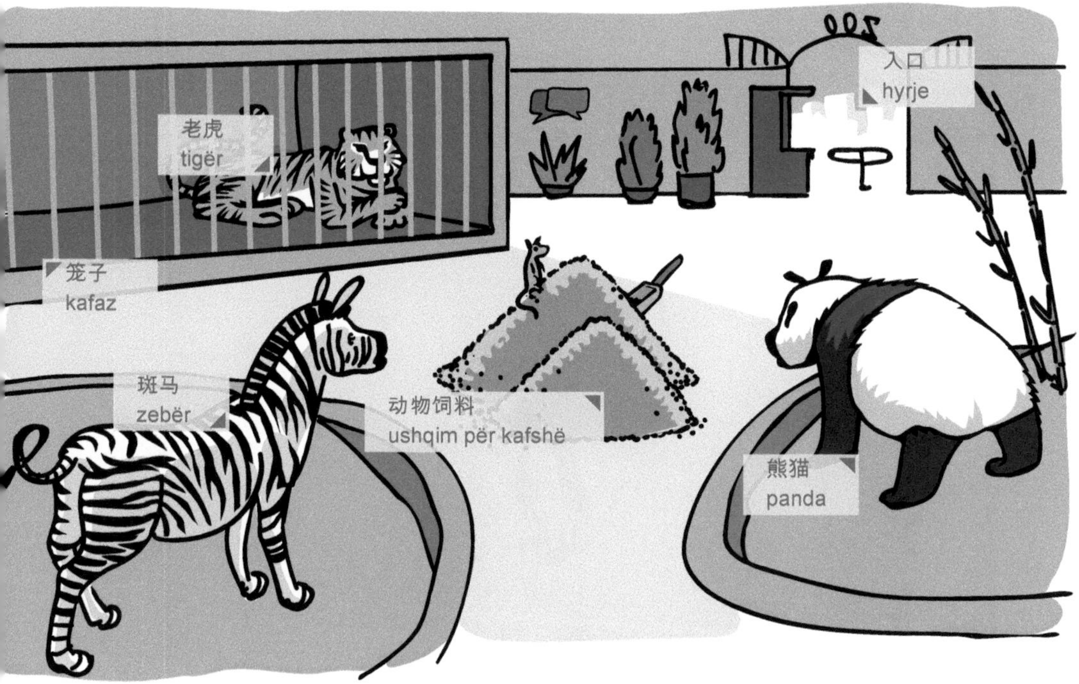

老虎
tigër
笼子
kafaz
入口
hyrje
斑马
zebër
动物饲料
ushqim për kafshë
熊猫
panda

动物

kafshë

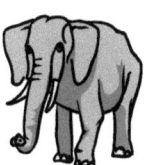

大象

elefant

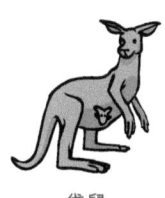

袋鼠

kangur

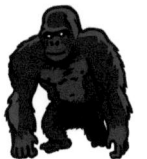

犀牛

rinoceront

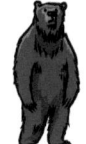

大猩猩

gorillë

熊

ari

骆驼

deve

鸵鸟

struc

狮子

luan

猴子

majmun

火烈鸟

flamingo

鹦鹉

papagall

北极熊

ari polar

企鹅

pinguin

鲨鱼

peshkaqen

孔雀

pallua

蛇

gjarpër

鳄鱼

krokodil

动物园管理员

punonjës i kopshtit zoologjik

海豹

fokë

美洲豹

xhaguar

矮种马

poni

豹

leopard

河马

hipopotam

长颈鹿

gjirafë

老鹰

shqiponjë

野猪

derr i egër

鱼

peshk

龟

breshkë

海象

lopë deti

狐狸

dhelpër

羚羊

gazelë

动物园 - kopsht zoologjik

橄榄球
futboll amerikan

骑自行车
çiklizëm

网球
tenis

篮球
basketboll

游泳
not

拳击
boks

冰球
hokej mbi akull

英式足球
futboll

羽毛球
badminton

田径
atletikë

手球
hendboll

滑雪
ski

马球
polo

跳
hidhem

拥抱
përqafoj

笑
qesh

走路
eci

唱
këndoj

做梦
ëndërroj

祈祷
lutem

亲吻
puth

书写
shkruaj

画
vizatoj

展示
tregoj

推
shtyj

给
jap

拿
marr

有
kam

做
bëj

当
jam

站
qëndroj

跑
vrapoj

拉
tërheq

扔
hedh

摔倒
bie

躺
shtrihem

等待
pres

携带
mbaj

坐
ulem

穿衣
vishem

睡觉
fle

醒来
zgjohem

看
shikoj

哭
qaj

抚摸
përkëdhel

梳头
kreh

交谈
bisedoj

明白
kuptoj

问
kërkoj

听
dëgjoj

喝
pi

吃
ha

清理
sistemoj

爱
dashuroj

做饭
gatuaj

开车
drejtoj makinën

飞
fluturoj

航行

lundroj

计算

llogaris

读

lexoj

学习

mësoj

工作

punoj

结婚

martohem

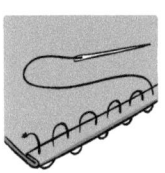

缝

qep

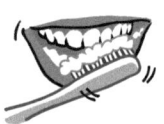

刷牙

laj dhëmbët

杀

vras

抽烟

tymos

寄

dërgoj

祖母
gjyshe

祖父
gjysh

父亲
baba

母亲
nënë

婴童
bebe

女儿
vajzë

儿子
djalë

客人

mysafir

阿姨

teze, hallë

叔叔

dajë, xhaxha

兄弟

vëlla

姐妹

motër

身体

trupi

前额
balli
眼睛
syri
肩膀
shpatulla
手指
gishti
脸
fytyra
下巴
mjekra
手
dora
腿
këmba
乳房
krahërori
手臂
krahu

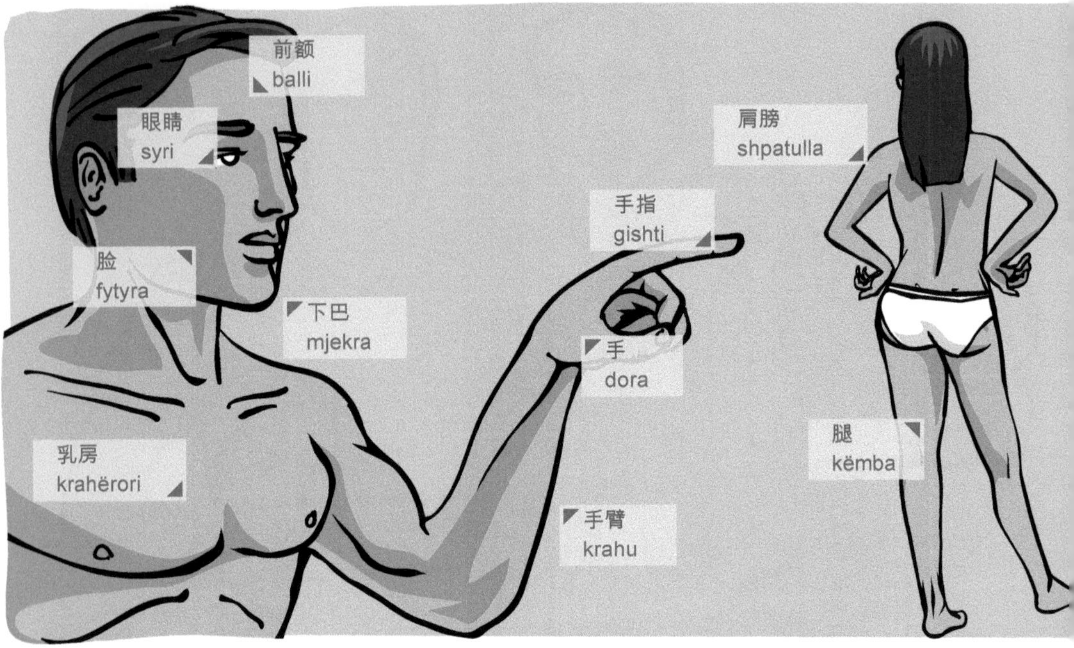

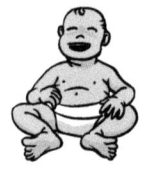

婴童

bebe

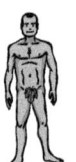

男人

burrë

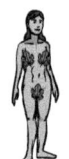

女人

grua

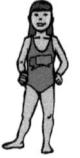

女孩

vajzë

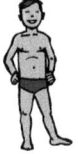

男孩

djalë

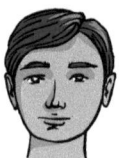

头

koka

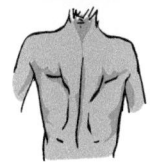

背部
shpina

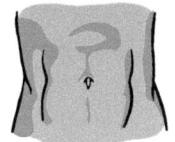

肚子
barku

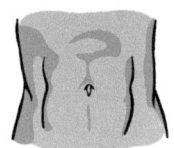

肚脐
kërthiza

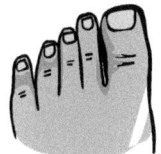

脚趾
gisht këmbe

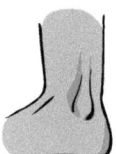

脚后跟
Thembra

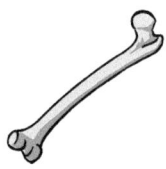

骨头
kockë

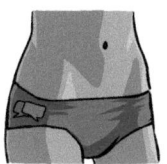

臀部
legeni

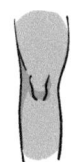

膝盖
gjuri

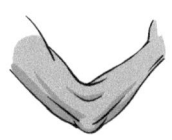

手肘
bërryli

鼻子
hunda

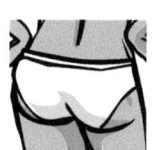

屁股
vithe

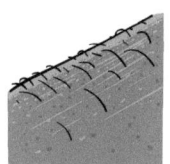

皮肤
lëkura

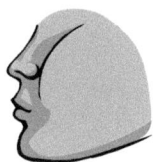

脸颊
faqja

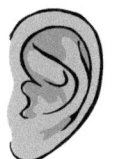

耳朵
veshi

嘴唇
buza

嘴

goja

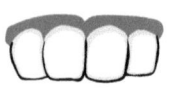

牙齿

dhëmbët

舌头

gjuha

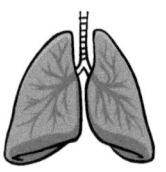

脑

truri

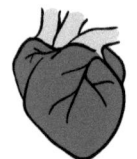

心脏

zemra

肌肉

muskul

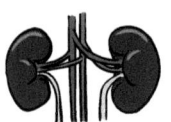

肺

mushkëria

肝脏

mëlçia

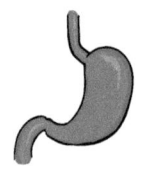

胃

stomaku

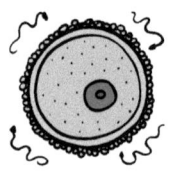

肾脏

veshka

性交

seks

避孕套

prezervativ

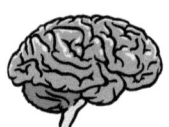

卵子

veza

精子

sperma

怀孕

shtatëzani

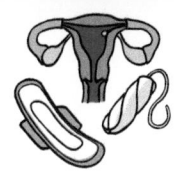

月经

menstruacione

阴道

vagina

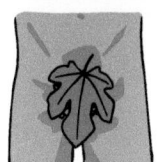

阴茎

penis

眉毛

vetulla

头发

flokët

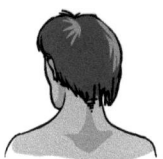

脖子

qafa

医院

spital

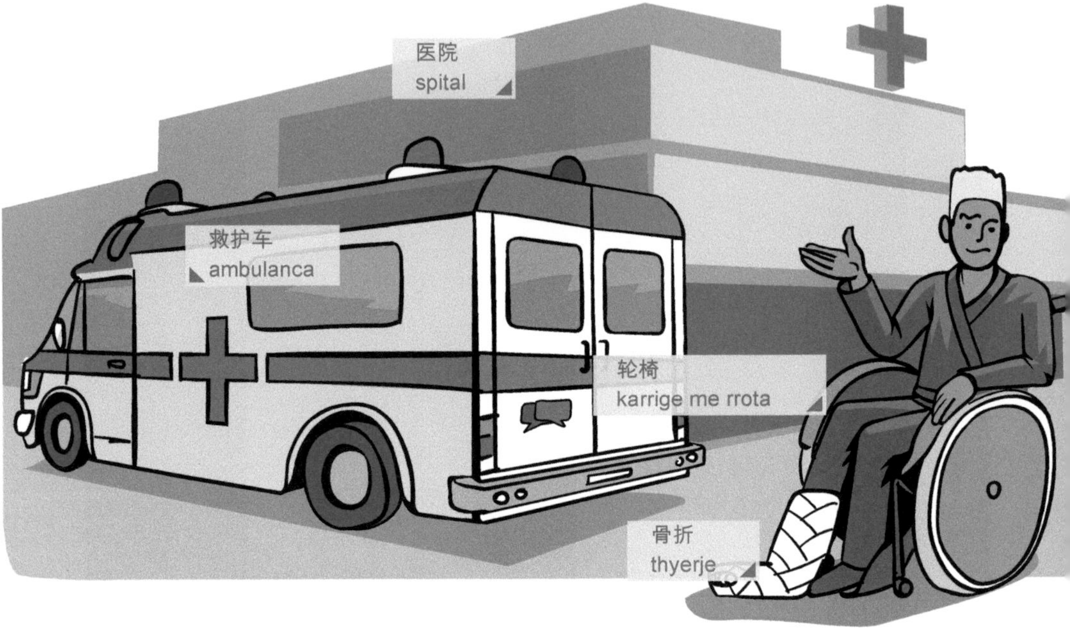

医院
spital
救护车
ambulanca
轮椅
karrige me rrota
骨折
thyerje

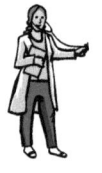

医生

mjek

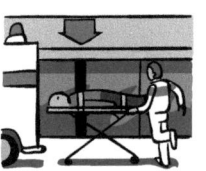

急诊室

sallë urgjencash

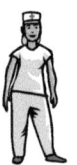

护士

infermiere

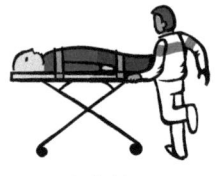

紧急情况

emergjencë

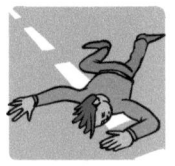

昏迷

i pandërgjegjshëm

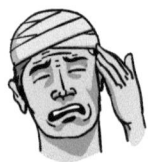

痛

dhimbje

受伤

dëmtim

出血

gjakosje

心脏病发作

infarkt

中风

goditje

过敏

alergji

咳嗽

kolla

发烧

ethe

流感

grip

腹泻

diarre

头痛

dhimbje koke

癌症

kancer

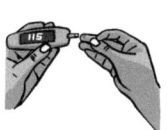

糖尿病

diabet

外科医生

kirurg

手术刀

bisturi

手术

operacion

CT

CT (skaner)

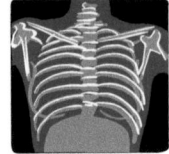

X光

radiografi

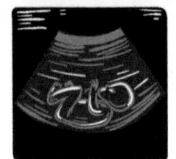

超声波

ultratingull

口罩

maskë fytyre

疾病

sëmundje

候诊室

dhomë pritjeje

拐杖

paterica

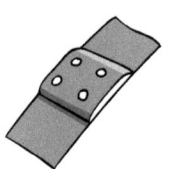

石膏

leukoplast

绷带

fasho

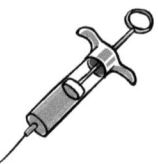

注射

injeksion

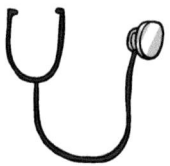

听诊器

stetoskop

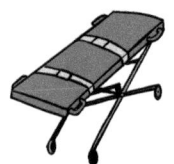

担架

barelë

体温计

termometër

出生

lindje

超重

mbipeshë

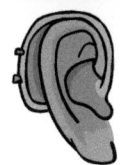

助听器

aparat dëgjimi

消毒液

dezinfektant

感染

infeksion

病毒

virus

艾滋病

HIV / AIDS

药物

mjekësi, mjekim

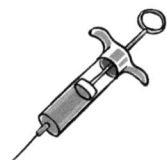

接种疫苗

vaksinim

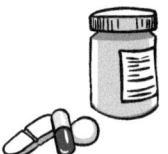

药片

tableta

药丸

pilulë

急救电话

telefonatë emergjence

血压计

aparat tensioni

生病/健康

i sëmurë / i shëndetshëm

救命！

Ndihmë!

警报

alarm

突击

sulm

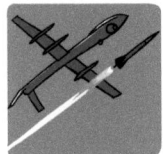

攻击

atak

危险

rrezik

紧急出口

dalje emergjence

着火啦！

Zjarr!

灭火器

fikëse zjarri

意外

aksident

急救箱

kuti e ndimës së shpejtë

呼救信号

SOS

警察

policia

欧洲

Europa

北美洲

Amerika e Veriut

南美洲

Amerika e Jugut

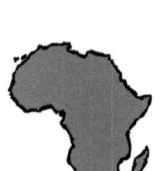

非洲

Afrika

亚洲

Azia

澳洲

Australia

大西洋

Atlantiku

太平洋

Paqësori

印度洋

Oqeani Indian

南冰洋

Oqeani Antarktik

北冰洋

Oqeani Arktik

北极

Poli i veriut

南极

Poli i Jugut

南极洲

Antarktida

地球

toka

陆地

tokë

海

det

岛

ishull

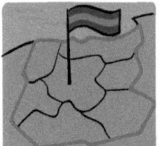

国家

komb

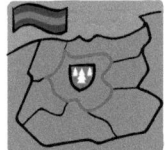

国家

shtet

钟面

fusha e orës

时针

akrepi i orës

分针

akrepi i minutave

秒针

akrepi i sekondave

现在几点？

Sa është ora?

天

ditë

时间

kohë

现在

tani

电子表

orë dixhitale

分

minutë

时

orë

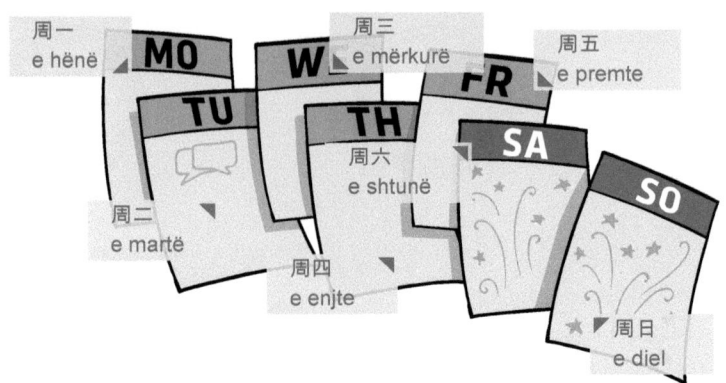

周一 e hënë
周二 e martë
周三 e mërkurë
周四 e enjte
周五 e premte
周六 e shtunë
周日 e diel

昨天

dje

今天

sot

明天

nesër

早晨

mëngjes

中午

mesditë

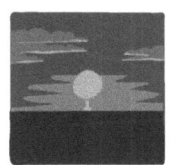

晚上

mbrëmje

MO	TU	WE	TH	FR	SA	SU
1	2	3	4	5	6	7
8	9	10	11	12	13	14
15	16	17	18	19	20	21
22	23	24	25	26	27	28
29	30	31	1	2	3	4

工作日

ditë pune

MO	TU	WE	TH	FR	SA	SU
1	2	3	4	5	6	7
8	9	10	11	12	13	14
15	16	17	18	19	20	21
22	23	24	25	26	27	28
29	30	31	1	2	3	4

周末

fundjavë

雨
shi

彩虹
ylber

风
erë

雪
borë

春
pranverë

夏
verë

秋
vjeshtë

冬
dimër

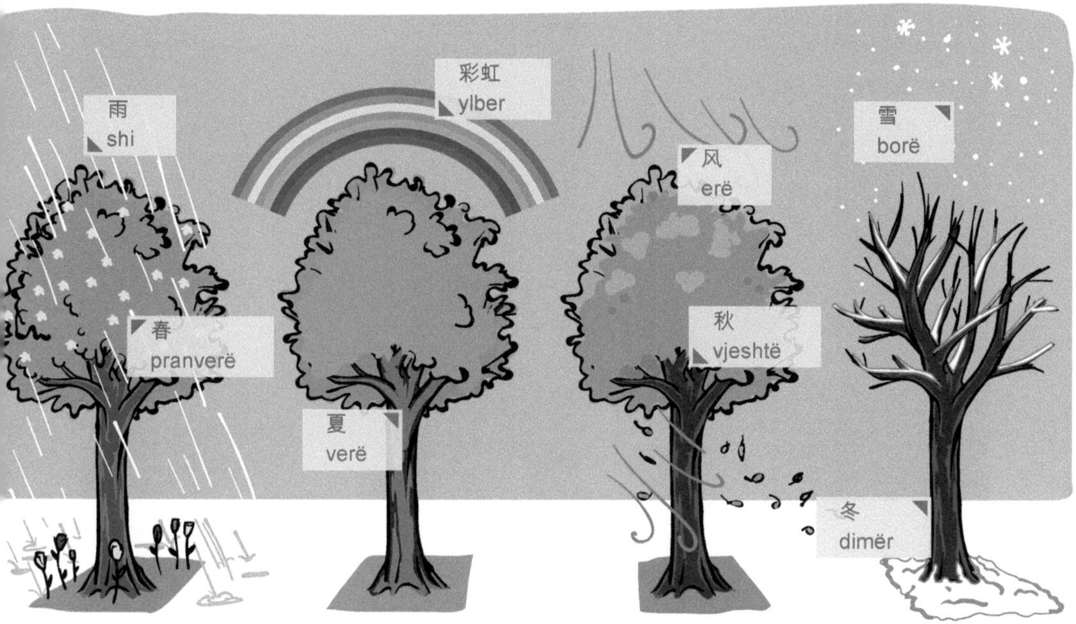

天气预报

parashikimi i motit

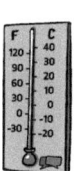

温度计

termometër

阳光

ndriçim dielli

云

re

雾

mjegull

潮湿

lagështi

闪电

vetëtima

打雷

gjëmim

风暴

stuhi

冰雹

breshër

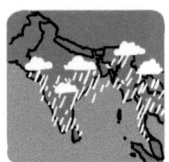

季风

muson

洪水

përmbytje

冰

akull

一月

janar

二月

shkurt

三月

mars

四月

prill

五月

maj

六月

qershor

七月

korrik

八月

gusht

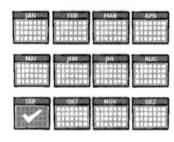

九月

shtator

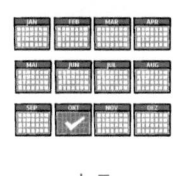

十月

tetor

十一月

nëntor

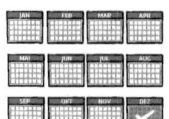

十二月

dhjetor

形状
forma

圆形

rreth

正方形

katror

长方形

drejtkëndësh

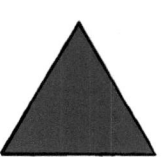

三角形

trekëndësh

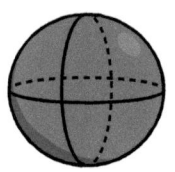

球体

sferë

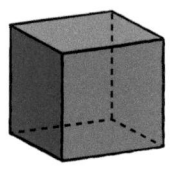

立方体

kub

白

e bardhë

黄

e verdhë

橙

portokalli

粉

rozë

红

e kuqe

紫

vjollcë

蓝

blu

绿

e gjelbër

棕

kafe

灰

gri

黑

e zezë

很多/少许

shumë / pak

生气/平静

i nevrikosur / i qetë

美/丑

i bukur / i shëmtuar

首/尾

fillim / fund

大/小

i madh / i vogël

明/暗

i ndritshëm / i errët

兄弟/姐妹

vëlla / motër

干净/肮脏

e pastër / e pistë

完整/缺失

e plotë / jo e plotë

白天/晚上

ditë / natë

死/生

gjallë / vdekur

宽/窄

i gjerë / i ngushtë

可食用/非食用

i ngrënshëm / i pangrënshëm

邪恶/善良

i keq / i këndshëm

兴奋/无聊

i lumtur / i mërzitur

胖/瘦

i shëndoshë / i dobët

第一/最后

e para / e fundit

朋友/敌人

mik / armik

满/空

plot / bosh

硬/软

e fortë / e butë

重/轻

e rëndë / e lehtë

饿/渴

uri / etje

生病/健康

i sëmurë / i shëndetshëm

非法/合法

e paligjshme / e ligjshme

聪明/愚笨

i zgjuar / budalla

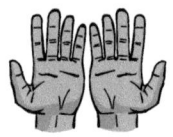

左/右

majtas / djathtas

近/远

afër / larg

新/旧

e re / e përdorur

没有/有些

asgjë / diçka

老/幼

i moshuar / i ri

开/关

ndezur / fikur

打开/合上

hapur / mbyllur

安静/吵闹

i qetë / i zhurmshëm

富/穷

i pasur / i varfër

对/错

e drejtë / e gabuar

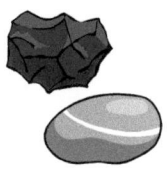

粗糙/光滑

i ashpër / i butë

伤心/高兴

i mërzitur / i lumtur

短/长

i shkurtër / i gjatë

慢/快

ngadalë / shpejt

湿/干

i lagësht / i thatë

温暖/凉爽

ngrohtë / freskët

战争/和平

luftë / paqe

0

零

zero

1

一

një

2

二

dy

3

三

tre

4

四

katër

5

五

pesë

6

六

gjashtë

7

七

shtatë

8

八

tetë

9

九

nentë

10

十

dhjetë

11

十一

njëmbëdhjetë

12

十二

dymbëdhjetë

13

十三

trembëdhjetë

14

十四

katërmbëdhjetë

15

十五

pesëmbëdhjetë

16

十六

gjashtëmbëdhjetë

17

十七

shtatëmbëdhjetë

18

十八

tetëmbëdhjetë

19

十九

nentëmbëdhjetë

20

二十

njëzetë

100

百

qind

1.000

千

mijë

1.000.000

百万

milion

英语

anglisht

美式英语

anglishte amerikane

普通话

kinezisht mandarin

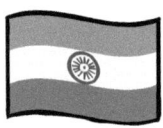

印地语

hindi

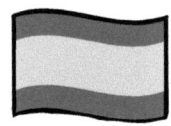

西班牙语

spanjisht

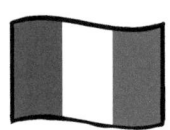

法语

frëngjisht

阿拉伯语

arabisht

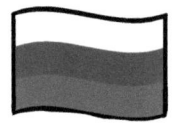

俄语

rusisht

葡萄牙语

portugalisht

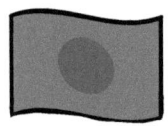

孟加拉语

bengalisht

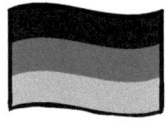

德语

gjermanisht

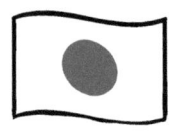

日语

japonisht

我

unë

你

ti

他/她/它

ai / ajo

我们

ne

你们

ju

他们

ata

谁？

kush?

什么？

çfarë?

怎样？

si?

哪里？

ku?

什么时候？

kur?

名字

emër

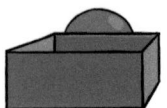

后面

pas

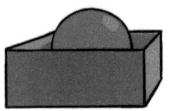

里面

në

前面

përballë

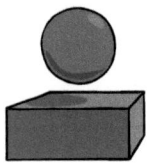

上方

sipër

上面

mbi

下面

poshtë

旁边

pranë

中间

midis

地点

vend